DEADLIEST ANIMALS

LES ANIMAUX LES PLUS MEURTRIERS

KILLER BEES

LES ABEILLES TUEUSES

A Crabtree Branches Book

Un livre de la collection Les branches de Crabtree

Author/Auteure : Amy Culliford

Crabtree Publishing
crabtreebooks.com

I0798581

School-to-Home Support for Caregivers and Teachers

This high-interest book is designed to motivate striving students with engaging topics while building fluency, vocabulary, and an interest in reading. Here are a few questions and activities to help the reader build upon his or her comprehension skills.

Before Reading:

- What do I think this book is about?
- What do I know about this topic?
- What do I want to learn about this topic?
- Why am I reading this book?

During Reading:

- I wonder why...
- I'm curious to know...
- How is this like something I already know?
- What have I learned so far?

After Reading:

- What was the author trying to teach me?
- What are some details?
- How did the photographs and captions help me understand more?
- Read the book again and look for the vocabulary words.
- What questions do I still have?

Extension Activities:

- What was your favorite part of the book? Write a paragraph on it.
- Draw a picture of your favorite thing you learned from the book.

Soutien de l'école à la maison pour les parents, les gardiens et les enseignants

Ce livre très intéressant est conçu pour motiver les élèves en difficulté d'apprentissage grâce à des sujets captivants, tout en améliorant leur fluidité, leur vocabulaire et leur intérêt pour la lecture. Voici quelques questions et activités pour aider le lecteur ou la lectrice à développer ses capacités de compréhension.

Avant la lecture

- De quoi ce livre parle-t-il?
- Qu'est-ce que je sais sur ce sujet?
- Qu'est-ce que je veux apprendre sur ce sujet?
- Pourquoi je lis ce livre?

Pendant la lecture

- Je me demande pourquoi...
- Je suis curieux de savoir...
- En quoi est-ce semblable à quelque chose que je sais déjà?
- Qu'est-ce que j'ai appris jusqu'à présent?

Après la lecture

- Qu'est-ce que l'auteure veut m'apprendre?
- Nomme quelques détails.
- Comment les photographies et les légendes m'aident-elles à mieux comprendre?
- Lis le livre à nouveau et cherche les mots de vocabulaire.
- Ai-je d'autres questions?

Activités complémentaires

- Quelle est ta section préférée de ce livre? Rédige un paragraphe à ce sujet.
- Fais un dessin représentant l'information que tu as préférée dans ce livre.

TABLE OF CONTENTS

TABLE DES MATIÈRES

KILLER BEE
L'ABEILLE TUEUSE

There are nearly 20,000 **species** of bees worldwide. The most familiar is the honey bee. Honey bees produce a thick, golden, sweet treat people have enjoyed for thousands of years.

Il existe près de 20 000 **espèces** d'abeilles dans le monde entier. La plus familière est l'abeille domestique. Les abeilles domestiques produisent un petit régal collant, doré et sucré que les humains apprécient depuis des milliers d'années.

PEOPLE WITH APIPHOBIA HAVE AN OVERPOWERING FEAR OF BEES.

LES GENS QUI SOUFFRENT D'APIPHOBIE ONT UNE PEUR EXCESSIVE DES ABEILLES.

In the 1950s, scientists began **cross-breeding** honey bees. Their goal was to breed a more efficient honey maker. They met their goal, but also created a dangerous **hybrid**. The killer bee was born!

Dans les années 1950, les scientifiques ont commencé à **croiser** différentes abeilles domestiques. Leur objectif était de créer une productrice de miel plus efficace. Ils y sont arrivés, mais ils ont également créé un **hybride** dangereux. L'abeille tueuse était née!

Why are they called killer bees? The hybrid bees are more **defensive** than other honey bees. If disturbed, the bees aggressively **swarm**, chase down, and sometimes kill the intruder.

Pourquoi les appelle-t-on « abeilles tueuses »? Ces abeilles hybrides sont plus **défensives** que les autres abeilles domestiques. Si on les dérange, ces abeilles très agressives sortent en **essaim**, poursuivent et parfois tuent l'intrus.

The killer hybrid is also called the Africanized honey bee. It was created when African honey bees were brought to South America and bred with European honey bees. Some of the Africanized bees escaped and spread north. Killer bees are now found as far north as Texas, California, and Florida.

L'hybride tueuse est aussi appelée « abeille africanisée ». Elle a été créée quand des abeilles d'Afrique ont été emportées en Amérique du Sud et croisées avec des abeilles européennes. Quelques abeilles africanisées se sont enfuies et propagées vers le nord. On trouve maintenant des abeilles tueuses aussi loin qu'au Texas, en Californie et en Floride.

An Africanized honey bee (left) and a European honey bee. They look similar, but honey bees can vary in color. Often, the only way to tell Africanized honey bees from other bees is in a lab.

Une abeille africanisée (à gauche) et une abeille européenne. Elles se ressemblent, mais la couleur des abeilles peut varier. La seule façon de les distinguer est souvent dans un laboratoire.

KILLER LOOKS?

UN PHYSIQUE DE TUEUR?

Killer bees look like other honey bees. Their hairy bodies are golden yellow with brown bands. And, like all insects, killer bee bodies have three segments.

Les abeilles tueuses ressemblent aux autres abeilles domestiques. Leur corps velu est jaune doré avec des rayures brunes. Et comme tous les insectes, le corps des abeilles tueuses comprend trois segments.

KILLER BEES ARE SMALLER THAN MOST OTHER HONEY BEES. THEREFORE, KILLER BEES CARRY LESS **VENOM**.

LES ABEILLES TUEUSES SONT PLUS PETITES QUE LA PLUPART DES AUTRES ABEILLES DOMESTIQUES. LES ABEILLES TUEUSES TRANSPORTENT DONC MOINS DE **VENIM**.

The first segment is the head, where there is a set of antennae. The second segment is the thorax, where two sets of wings and three sets of legs are attached. The third segment is the abdomen, or tail end, where the stinger is located.

Le premier segment est la tête, qui est dotée d'une paire d'antennes. Le deuxième segment est le thorax, où sont fixées deux paires d'ailes et trois paires de pattes. Le troisième segment est l'abdomen, où l'on retrouve le dard.

THE COLONY
LA COLONIE

Killer bees live in **colonies**. A colony has one queen bee, worker bees, and drones. The queen's colony will serve and protect her with their lives. A colony builds its own home, or nest. Hollow trees or rocky nooks make good nest sites. But, beware! Killer bees can also build nests in old tires, behind house siding, or in junked cars.

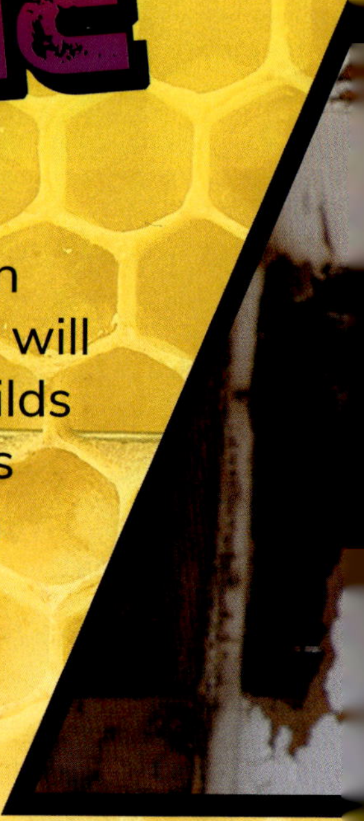

Les abeilles tueuses vivent en **colonies**. Dans chaque colonie, il y a une reine, des ouvrières et des faux bourdons. La colonie servira et protégera sa reine jusqu'à la mort. Une colonie construit sa propre maison, ou nid. Les arbres creux et les recoins rocheux sont de bons endroits pour un nid. Mais fais attention! Les abeilles tueuses peuvent aussi bâtir leur nid dans un vieux pneu, derrière le revêtement d'une maison ou dans une carcasse de voiture.

killer bee nest
nid d'abeilles tueuses

Nests close to where people are active can be very dangerous. Killer bees do not like to be disturbed.

Les nids situés près d'endroits où des humains sont actifs peuvent être très dangereux. Les abeilles tueuses n'aiment pas être dérangées.

HOMES BUILT BY BEES ARE CALLED NESTS. HUMAN-MADE HOMES FOR BEES ARE HIVES.

LES MAISONS CONSTRUITES PAR LES ABEILLES SONT APPELÉES DES NIDS. LES MAISONS CONSTRUITES PAR LES HUMAINS POUR LES ABEILLES SONT APPELÉES DES RUCHES.

THE DRONES
LES FAUX BOURDONS

Drones are male bees.
They are easily spotted because they have bigger eyes than their nest mates. Drones do not have stingers. Their only job is to mate with the queen.

Les faux bourdons sont des abeilles mâles. On peut facilement les reconnaître, car leurs yeux sont plus grands que ceux de leurs camarades. Les faux bourdons n'ont pas de dard. Leur seul travail est de s'accoupler avec la reine.

The lifespan of a killer bee is not long. Drones live one or two months. Worker bees live only about one month, while the queen can live about three years.

La durée de vie d'une abeille tueuse n'est pas longue. Les faux bourdons ne vivent qu'un ou deux mois. Les ouvrières vivent seulement un mois, alors que la reine peut vivre environ trois ans.

THE WORKERS
LES OUVRIÈRES

All worker bees are female. Workers take on the hardest jobs in the colony. They spend their short lives in devoted service to the queen. Worker bees bring in water and search for food.

Toutes les abeilles ouvrières sont des femelles. Elles exécutent les travaux les plus difficiles de la colonie. Elles consacrent leur courte vie au service dévoué de la reine. Les ouvrières apportent de l'eau et cherchent de la nourriture.

They feed the queen and drones, guard the colony, and even take out the trash by removing waste from the nest. Workers also **regulate** the nest's temperature. They flap their wings to move the air when it's warm, and use body heat to warm the nest when it's cold.

Elles nourrissent la reine et les faux bourdons, gardent la colonie et sortent même les poubelles en retirant les déchets du nid. Les ouvrières **régulent** aussi la température du nid. Elles battent des ailes pour déplacer l'air quand il fait chaud et utilisent la chaleur de leur corps pour réchauffer le nid quand il fait froid.

THE QUEEN
LA REINE

The queen is the most important bee in the colony. She is the only bee that can reproduce. She can lay 1,500 eggs a day for about three years. The eggs hatch into bee **larvae** after three days.

La reine est l'abeille la plus importante de la colonie. Elle est la seule abeille qui peut se reproduire. Elle peut pondre 1 500 œufs par jour pendant environ trois ans. Les œufs éclosent et deviennent des **larves** après trois jours.

Beekeepers usually mark the queen with a dab of paint.

Les **apiculteurs** identifient habituellement la reine au moyen d'une goutte de peinture.

bee eggs
œufs d'abeilles

bee larvae
larves d'abeilles

When the queen grows old, or dies, worker bees select larvae to be potential new queens. Workers feed larvae royal jelly—food made by the worker bees. The jelly helps the larvae develop into queens. From these queens, a dominant bee will rise. She will sting and kill any competitors. There can be only one queen bee!

Quand la reine devient trop vieille ou meurt, les ouvrières choisissent des larves qui pourraient devenir une reine. Les ouvrières nourrissent ces larves de gelée royale – fabriquée par les abeilles ouvrières. La gelée aide les larves à devenir des reines. Parmi ces reines, une reine dominante se démarquera. Elle piquera et tuera toutes ses concurrentes. Il ne peut y avoir qu'une seule reine!

HONEY
LE MIEL

Killer bees are great honey producers. Some beekeepers even prefer them. Why do bees make honey? Honey is bee food. Bees gather **nectar** from flowers. Enzymes in their stomach break down the nectar and remove water. The bees store the processed liquid, now honey, in the cells of the honeycomb. Stored honey helps bees live through the winter. When beekeepers harvest, they leave enough honey for the bees to eat.

Les abeilles tueuses sont d'excellentes productrices de miel. Certains apiculteurs les préfèrent. Pourquoi les abeilles fabriquent-elles du miel? Le miel est la nourriture des abeilles. Les abeilles collectent le **nectar** des fleurs. Des enzymes contenues dans leur estomac transforment le nectar et retirent l'eau. Les abeilles emmagasinent le liquide transformé, maintenant du miel, dans les alvéoles du rayon de miel. Le miel emmagasiné par les abeilles les aide à survivre pendant l'hiver. Quand les apiculteurs récoltent le miel, ils laissent suffisamment de miel pour que les abeilles puissent se nourrir.

The honeycomb is the wax structure made by bees. It stores honey and provides a safe home for larvae to develop.

Le rayon de miel est la structure de cire fabriquée par les abeilles. Il contient le miel et procure une maison sécuritaire aux larves en développement.

KILLER WEAPONS
DES ARMES MORTELLES

Weapon 1—The Stinger
ARME NUMÉRO 1 : LE DARD

The stinger is a pointed tube with barbs. The barbs grab onto skin and get stuck. The bee cannot withdraw the stinger, so it leaves it behind along with a venom sac and other parts of the abdomen. Because of this, a killer bee can only sting once, and then dies.

Le dard est un tube pointu équipé de barbelés. Les barbelés s'agrippent à la peau et y restent pris. L'abeille ne peut pas retirer son dard, donc elle le laisse derrière avec une poche de venin et d'autres parties de son abdomen. C'est pourquoi l'abeille tueuse ne peut piquer qu'une seule fois, puis elle meurt.

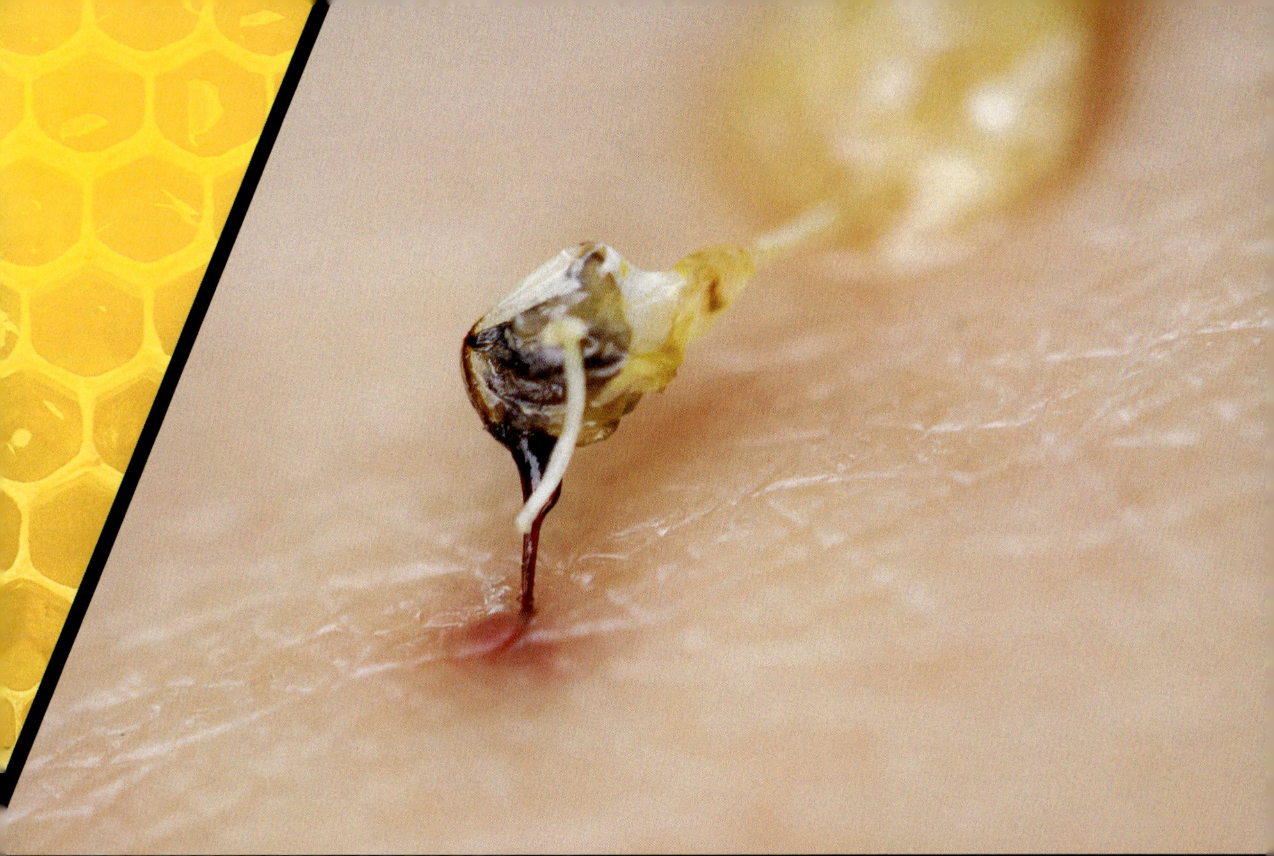

A queen will sting other potential queens in her nest. Her stinger is slightly smooth, but still barbed. She doesn't lose her stinger when she attacks, so she is capable of stinging multiple times.

La reine piquera les autres prétendantes au nid. Son dard est légèrement plus lisse, mais toujours équipé de barbelés. Elle ne perd pas son dard quand elle attaque, elle est donc capable de piquer plusieurs fois.

Weapon 2–Venom ARME NUMÉRO 2 : LE VENIN

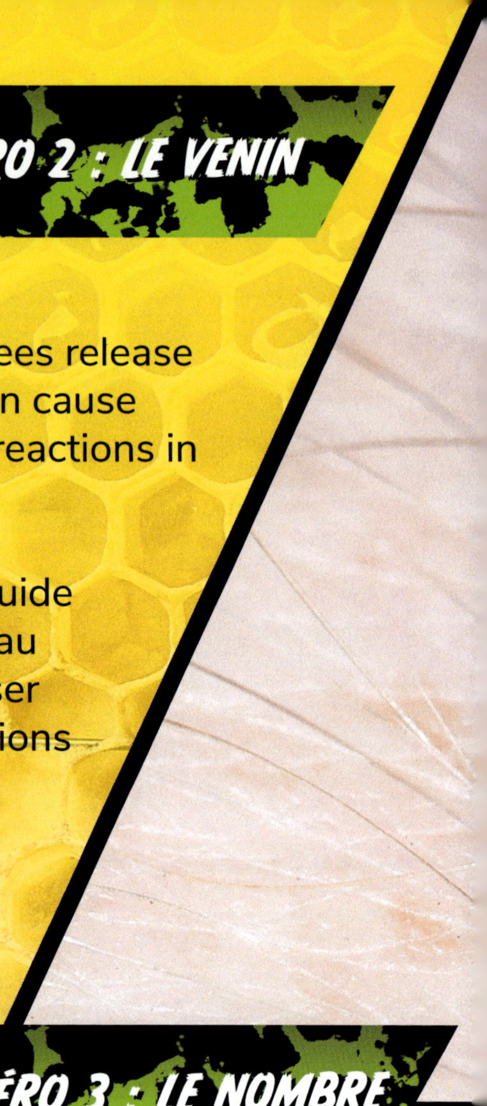

Killer bee venom is a colorless liquid. Bees release venom through their stinger. Venom can cause serious pain and even life-threatening reactions in some people.

Le venin des abeilles tueuses est un liquide incolore. Les abeilles injectent le venin au moyen de leur dard. Le venin peut causer une douleur intense et même des réactions mortelles chez certaines personnes.

Weapon 3–Numbers ARME NUMÉRO 3 : LE NOMBRE

Killer bees are dangerous because they attack in great numbers.

Les habiles tueuses sont dangereuses, car elles attaquent en grand nombre.

Killer bee stings release special chemicals along with their venom. The chemicals act as a signal for other bees to sting.

Les piqûres d'abeilles tueuses sécrètent des produits chimiques particuliers en plus de leur venin. Ces produits chimiques agissent comme un signal qui indique aux autres abeilles de piquer.

KILLER BEE STING

LA PIQÛRE D'ABEILLE TUEUSE

A killer bee sting can cause local pain, itching, and swelling. For some people, severe allergic reactions can occur. Severe reactions can cause difficulty breathing and heart, liver, or brain damage. Some people can even go into shock and die.

La piqûre d'une abeille tueuse peut causer une douleur à l'endroit de la piqûre, des démangeaisons et de l'enflure. Pour certaines personnes, des réactions allergiques graves peuvent survenir. Les réactions graves peuvent entraîner une difficulté à respirer et des dommages au cœur, au foie ou au cerveau. Certaines personnes peuvent même entrer en état de choc et mourir.

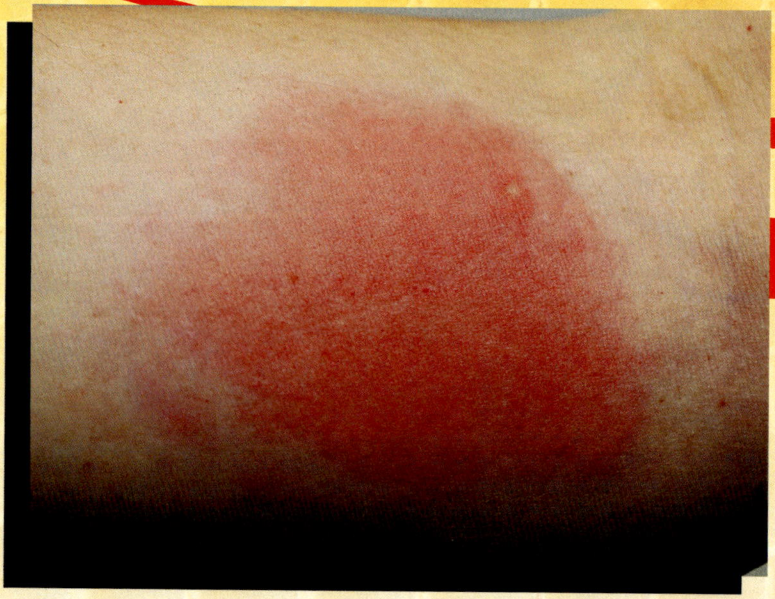

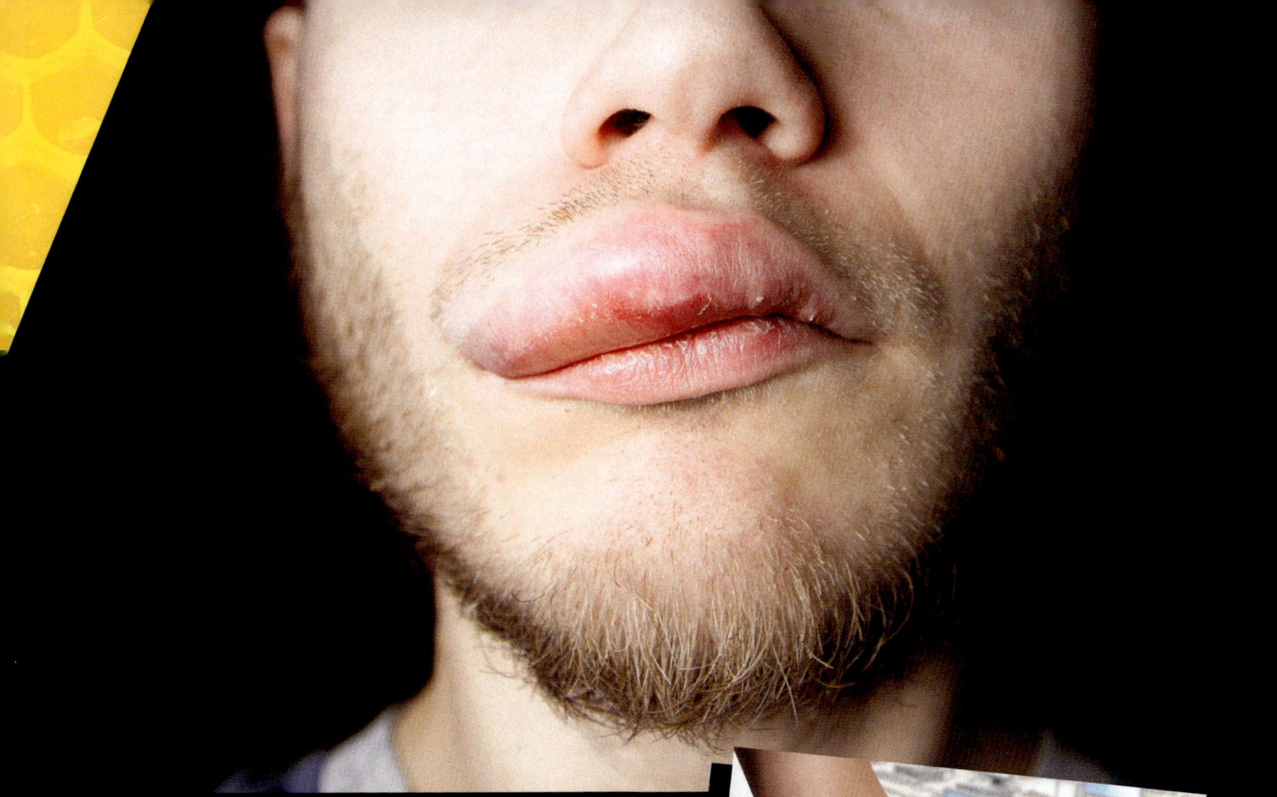

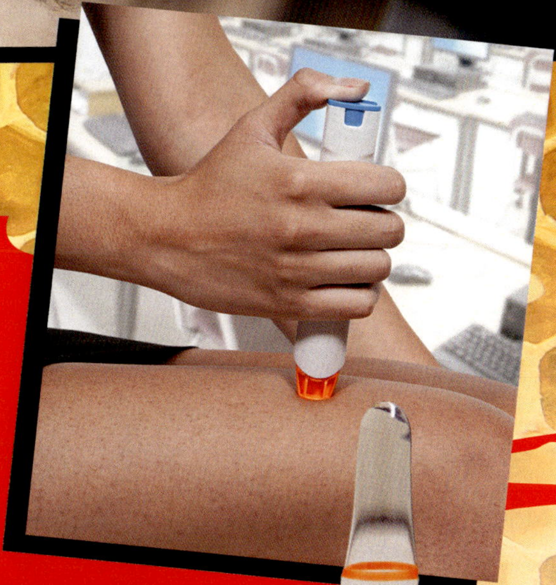

PEOPLE WHO HAVE SEVERE REACTIONS TO A BEE STING BENEFIT FROM A SHOT OF THE HORMONE EPINEPHRINE, ALSO KNOWN AS ADRENALINE. THE HORMONE CAN BE CARRIED IN A SELF-INJECTABLE PEN FOR EMERGENCY USE.

LES GENS QUI ONT DES RÉACTIONS GRAVES AUX PIQÛRES D'ABEILLES ONT BESOIN D'UNE INJECTION DE L'HORMONE APPELÉE ADRÉNALINE. CETTE HORMONE PEUT ÊTRE TRANSPORTÉE DANS UN STYLO AUTO-INJECTEUR À UTILISER EN CAS D'URGENCE.

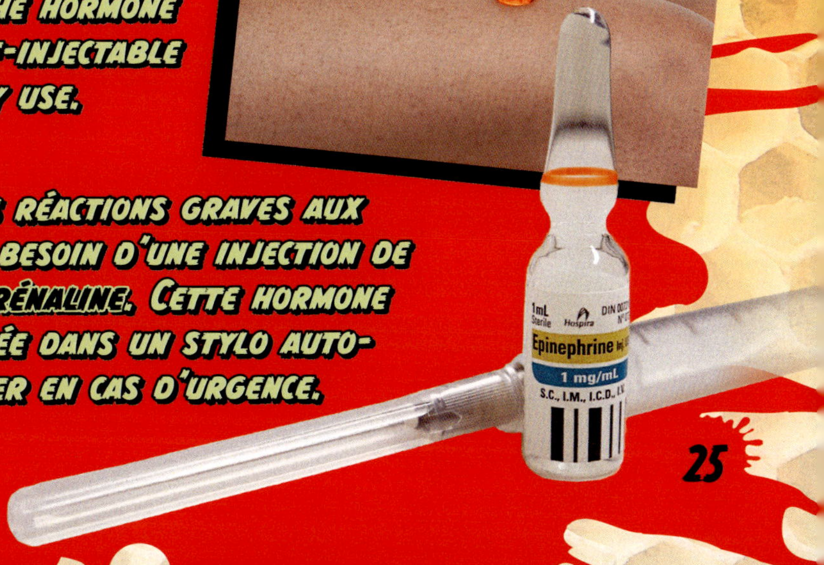

KILLER BEES ATTACK!

Killer bees attack anything that threatens their colony. Once a threat is identified, worker bees go into a frenzy. They attack in force, and will chase their target a quarter mile (0.4 km) or more. One attack occurred in Texas in 2013. A man accidentally disturbed a killer bee nest while driving his tractor. The colony swarmed, stinging the man over a thousand times. Family and neighbors were also stung as they tried to help. Unfortunately, the man died from the massive attack.

ATTAQUE D'ABEILLES TUEUSES!

Les abeilles tueuses attaquent tout ce qui menace leur colonie. Quand une menace est détectée, les ouvrières se lancent dans une frénésie. Elles attaquent en force et poursuivront leur objectif jusqu'à un quart de mile (0,4 km) ou plus. Une attaque est survenue au Texas en 2013. Un homme a accidentellement dérangé un nid d'abeilles tueuses en conduisant son tracteur. La colonie est sortie en essaim et a piqué l'homme plus de mille fois. Sa famille et ses voisins ont aussi été piqués en essayant de l'aider. Malheureusement, l'homme est mort à la suite de cette attaque massive.

Killer bees kill other insects, small animals, and even large animals like dogs and horses. Killer bees have even killed hundreds or possibly thousands of people worldwide. When killer bees feel threatened, they attack in great numbers, overwhelming their victim. That's why killer bees are one of the world's most deadliest animals.

Les abeilles tueuses tuent d'autres insectes, de petits animaux et même de gros animaux comme des chiens et des chevaux. Les abeilles tueuses ont même tué des centaines ou possiblement des milliers d'humains dans le monde. Quand les abeilles tueuses se sentent menacées, elles attaquent en grand nombre, en submergeant leur victime. C'est pourquoi les abeilles tueuses sont parmi les animaux les plus meurtriers au monde.

Bee exterminators wear protective clothing when removing bee nests.

Les exterminateurs d'abeilles portent des vêtements de protection pour retirer les nids d'abeilles.

Dangerous nests should be removed from populated areas.
Les nids dangereux doivent être retirés des endroits peuplés.

Glossary / Glossaire

apiphobia (eh-pif-OH-bee-uh): Intense fear of bees
beekeepers (BEE-keep-erz): People who keep bees, honey farmers
colonies (KOL-uh-NEEZ): Large groups of bees or other insects
cross-breeding (KRAWSS-BREE-ding): Mating two different kinds of animals or plants to produce a new kind
defensive (di-FEN-siv): Feeling and acting as if being attacked
epinephrine (ep-uh-NEF-rin): A hormone released in the body in response to stress that increases heart rate, muscle strength, and blood sugar
hybrid (HYE-brid): Bred from two different species
larvae (LAR-vee): Insects that look like worms in a stage of development after egg and before adult
nectar (NEK-tur): A sweet liquid bees collect from flowers and turn into honey
regulate (REG-yuh-late): Control or manage
species (SPEE-sheez): A certain type of animal or plant
swarm (SWORM): A thick mass of insects that moves in large numbers
venom (VEN-uhm): Harmful fluid delivered by injection

adrénaline (a-dré-na-linn) : Une hormone sécrétée dans le corps en réponse au stress, qui augmente le rythme cardiaque, la force musculaire et la glycémie
apiculteurs (a-pi-kul-teur) : Personnes qui élèvent des abeilles
apiphobie (a-pi-fo-bi) : Peur intense des abeilles
colonies (ko-lo-ni) : De grands groupes d'abeilles ou d'autres insectes
croiser (kroa-zé) : Méthode de reproduction entre deux types d'animaux et de plantes différents pour obtenir un nouveau type
défensive (dé-fan-ssiv) : Se sentir attaqué et agir en conséquence
espèces (èss-pèss) : Un certain type d'animal ou de plante
essaim (èss-in) : Un important groupe d'insectes qui se déplace
hybride (i-brid) : Croisement de deux espèces différentes
larves (larv) : Insectes qui ressemblent à des vers, dont le stade de développement se situe entre l'œuf et l'adulte
nectar (nek-tar) : Un liquide sucré que les abeilles récoltent dans les fleurs et transforment en miel
régulent (ré-gul) : Contrôlent ou gèrent
venin (ve-nin) : Fluide nocif administré par injection

Index / Index

Websites to Visit
Sites Web à Consulter

www.si.edu/spotlight/buginfo/killbee

https://kids.kiddle.co/Africanized_honeybee

www.pestworldforkids.org/pest-guide/bees/

About the Author/À propos de l'auteure

Amy Culliford

Amy Culliford has a Bachelor of Fine Arts. She has worked as a classroom drama teacher and led after-school drama programs. She avoids bees of any kind.

Amy Culliford a un baccalauréat en beaux-arts. Elle est professeure d'art dramatique et dirige des programmes parascolaires d'art dramatique. Elle évite les animaux meurtriers en tout genre.

The author would like to thank David and Patricia Armentrout for their research and help on this project.
L'auteure souhaite remercier David et Patricia Armentrout pour leur recherche et leur aide dans le cadre de ce projet.

Crabtree Publishing

crabtreebooks.com 800-387-7650

Copyright © 2025 Crabtree Publishing

Print edition in English produced for Crabtree Publishing by BDE in 2022. All rights reserved. No part of this publication may be reproduced, stored in a retrieval system or be transmitted in any form or by any means, electronic, mechanical, photocopying, recording, or otherwise, without the prior written permission of Crabtree Publishing.

Tous droits réservés. Aucune partie de cette publication ne doit être reproduite ou transmise sous aucune forme ni par aucun moyen, électronique, mécanique, par photocopie, enregistrement ou autrement, ou archivée dans un système de recherche documentaire, sans l'autorisation écrite de Crabtree Publishing Company.

Au Canada : Nous reconnaissons l'appui financier du gouvernement du Canada par l'entremise du Fonds du livre du Canada pour nos activités de publication.

Hardcover 978-1-0398-6996-7
Paperback 978-1-0398-6984-4
Ebook (pdf) 978-1-0398-7008-6
Epub (ebook) 978-1-0398-7020-8

Printed in/Imprimé au Canada

Library and Archives Canada Cataloguing in Publication
Available at the Library and Archives Canada

Library of Congress Cataloging-in-Publication Data
Available at the Library of Congress

Published in Canada
Publié au Canada
Crabtree Publishing
616 Welland Avenue
St. Catharines, Ontario
L2M 5V6

Published in the United States
Publié aux États-Unis
Crabtree Publishing
347 Fifth Avenue
Suite 1402-145
New York, NY 10016

Written by/Auteure : Amy Culliford
Designed by/Conception : Jennifer Dydyk
Edited by/Révision : Tracy Nelson Maurer
Proofreader/Correctrice : Melissa Boyce
Translation/Traduction : Annie Evearts

Références photographiques/Photographs: Cover photo © Felipe Duran/Shutterstock.com, graphic splat on cover and throughout © Andrii Symonenko /Shutterstock.com, page background photo of honeycomb throughout © Kostiantyn Kravchenko, page 4 honeycomb © Dionisvera/Shutterstock.com, page 5 bees © StudioSmart/Shutterstock.com, page 6 © Pamela Au,Shutterstock.com page 7 courtesy of the USDA, page 8 © mikeledray/Shutterstock.com, page 9 © Jaco Eksteen/Shutterstock.com, page 11 (top) © © Ktr101 https://creativecommons.org/licenses/by-sa/4.0/deed.en, (bottom) © CatherineLProd/Shutterstock.com, page 12 and 13 bees © Kuttelvaserova Stuchelova/Shutterstock.com, page 14 (top) and 15 (top) © Kuttelvaserova Stuchelova/Shutterstock.com, page 14 (bottom) © Simon_g/Shutterstock.com, page 15(bottom) © Ruth Swan/Shutterstock.com, page 16 both photos © Kuttelvaserova Stuchelova/Shutterstock.com, page 17 © bee eggs © Jay Ondreicka/Shutterstock.com, larvae © Kuttelvaserova Stuchelova/Shutterstock.com, life cycle illustration © EreborMountain/Shutterstock.com, page 19 (top) © New Africa/Shutterstock.com (bottom) © Ian Scammell/Shutterstock.com, page 20 © Katrina Brown/Shutterstock.com, page 21 © Bachkova Natalia/Shutterstock.com, page 23 large photo © Mirko Graul/Shutterstock.com, small bees © Katrina Brown/Shutterstock.com, page 24 © Siegi/Shutterstock.com, page 25 (top) © Velimir Zeland/Shutterstock.com, girl with epi-pen © Rob Byron/Shutterstock.com, epinephrin vial © Editorial credit: Sheriffhay / Shutterstock.com, page 26 © Pamela Au/Shutterstock.com, page 27 © DenysHolovatiuk/Shutterstock.com, page 28 and 29 (top) © Editorial credit: mikeledray / Shutterstock.com, page 29 (bottom) © AlexGD93/Shutterstock.com